DIE KLEINE BIBLIOTHEK

1. Auflage 2003
© 2003 arsEdition GmbH, München
Alle Rechte vorbehalten
Gestaltung: Eva Schindler, Ruhensdorf
Fotografien: Raynald Martin
Redaktion: Silke Kords
Textauswahl und -lektorat: Bettina Gratzki, Germering
ISBN 3-7607-8590-5

www.arsedition.de

Tröstende Gedanken

arsEdition

Trösten ist eine Kunst des Herzens. Sie besteht oft nur darin, liebevoll zu *schweigen* und schweigend mitzuteilen.

Otto von Leixner

Traurig sein ist *etwas Natürliches*. Es ist wohl ein Atemholen zur Freude.

PAULA MODERSOHN-BECKER

Wenn das Herz nur mehr
um Trauer weiß
und die Last zu schwer,
klingt ein Wort ganz leis

aus Gebeten auf,
atmet Labe still
gleich dem Sternenlauf,
der nur Tröstung will.

Dass sich Gnade senkt,
alles Fragen weicht
und sich Träne schenkt,
nun befreit, nun leicht.

MICHAIL LERMONTOI

Wenn du weinen kannst, so *danke* Gott!

JOHANN WOLFGANG VON GOETHE

WEINEN KÖNNEN

Und hab ich einsam auch geweint,
so ists mein eigner Schmerz,
und Tränen fließen gar so süß,
erleichtern mir das Herz.

JOHANN WOLFGANG VON GOETHE

Jede dunkle *Nacht*

        hat ein helles Ende.

AUS PERSIEN

VOM SCHMERZ

Und eine Frau sprach und sagte: »Erzähl uns vom Schmerz.«

Und er antwortete:

»Euer Schmerz zerbricht die Schale, die euer Verstehen umschließt.

So wie der Kern einer Frucht aufbrechen muss, damit sein Herz die Sonne sieht, so müsst ihr den Schmerz kennen lernen.

Hättet ihr in eurem Herzen das Staunen über die täglichen Wunder des Lebens bewahrt, dann würde euch der Schmerz nicht weniger wundersam scheinen als eure Freude.

Und ihr würdet euch damit abfinden, dass auch euer Herz Jahreszeiten erlebt, so wie ihr immer hingenommen habt, dass Sommer und

Winter über eure Felder ziehen. Und ihr würdet die Winter eures Kummers mit heiterer Gelassenheit überstehen.

Vieles von eurem Schmerz ist selbst erwählt.

Er ist der bittere Trank, mit dem der Arzt in eurem Inneren das kranke Selbst heilt. Darum vertraut dem Arzt und trinkt sein Heilmittel schweigend und ruhig,

Denn seine Hand mag zwar schwer und rau sein, doch sie wird durch die sanfte Hand des Unsichtbaren geführt,

Und der Becher, den er euch reicht, mag eure Lippen zwar versengen, doch er ist aus dem Ton geformt, den der Töpfer mit seinen heiligen Tränen befeuchtet hat.«

KHALIL GIBRAN, AUS: DER PROPHET

Man kann großen und tiefen Schmerz haben
und sich darum nicht unglücklich fühlen,
da man diesen Schmerz so mit dem eigensten
Wesen verbunden empfindet, dass man ihn
nicht trennen möchte von sich.

WILHELM VON HUMBOLDT

Wohl dem Menschen,
wenn er gelernt hat zu ertragen,
was er nicht ändern kann,
und preiszugeben mit Würde,
was er nicht retten kann.

FRIEDRICH VON SCHILLER

Die Gottheit hat uns nicht bloß die *Kraft* verliehen, alles zu ertragen, ohne uns von etwas niederdrücken oder einschüchtern zu lassen, sie hat uns auch die *Freiheit* gegeben, diese Kraft anzuwenden.

EPIKTET

Ich ahnte vielmehr, irgendwo in mir,
dass dieser so plötzliche Verlust in
einem größeren Zusammenhang stand –
anders durfte es, konnte es nicht sein.
Es musste ein Sinn darin liegen,
diesen Sinn sah ich undeutlich
vor mir wie eine riesige Stufe.
War sie da, damit ich sie überwinde?

SUSANNA TAMARO

Wenn etwas fortgenommen wird, womit wir tief und wunderbar zusammenhängen, so ist viel von uns selber mitgenommen. Gott aber will, dass wir uns *wiedersehen*.

RAINER MARIA RILKE

Die *Erinnerung*

ist das einzige

Paradies, aus dem

wir nicht vertrieben

werden können.

JEAN PAUL

Eine glückliche Erinnerung ist vielleicht
auf Erden wahrer als das Glück.

ALFRED DE MUSSET

Oft sind Erinnerungen ganz vortreffliche
Balancierstäbe, mit welchen man sich über
die schlimme Gegenwart hinwegsetzen kann.

THEODOR MUNDT

Ich träumte in der Weihnachtsnacht, ich wanderte durch die Tiefen des Himmels und sah einen Engel über die Wolken gehen. Die Lichtgestalt lächelte und trat zu mir und sagte: »Kennst du mich? Ich bin der Engel des Friedens. Ich tröste die Menschen und bin bei ihnen in ihrem großen Kummer. Wenn er zu groß wird, wenn sie sich auf dem harten Boden der Erde wund gelegen haben, so nehme ich ihre Seele in mein Herz und trage sie zur Höhe und lege sie auf die weiche Wolke des Todes nieder. Alle diese Wolken ziehen mit ihren Schläfern gen Morgen, und wenn die Sonne aufgeht, erwachen sie und leben.

JEAN PAUL

Niemand kennt den Tod
und keiner weiß, ob er für den Menschen
nicht das allergrößte Glück bedeutet.

SOKRATES

Wenn es einen Glauben gibt,
der Berge versetzen kann,
so ist es der Glaube
an die eigene Kraft.

MARIE VON EBNER-ESCHENBACH

Man probier' es doch, sich nur auf einige Tage bei bloß kleinen An- und Unfällen froh zu erhalten, bloß aus Grundsatz, das heißt aus Kraft von innen heraus: So wird man finden, dass man bloß diese *Kraft* zu verstärken brauche, um stärkern Anfällen zu widerstehen.

JEAN PAUL

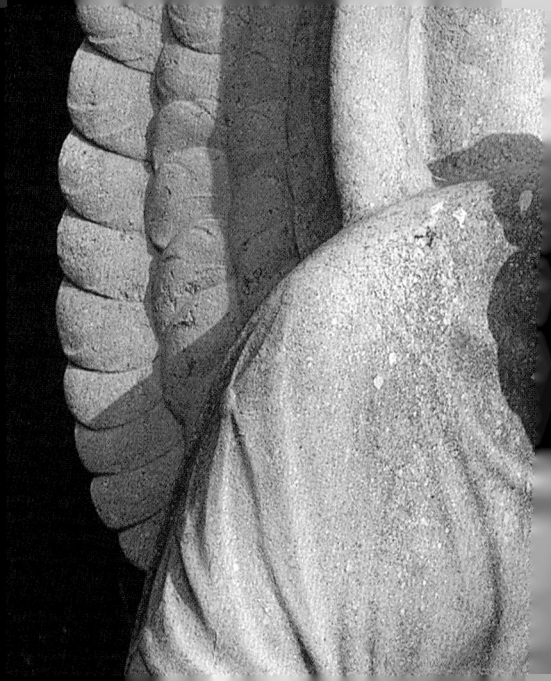

Der Menschen Engel ist die *Zeit.*

FRIEDRICH VON SCHILLER

FREU DICH IN JEDER NACHT ...

Freu dich in jeder Nacht,
dass Sterne niederglänzen,
mit höhrer Hoffnung Strahl dein
Dasein zu ergänzen.

FRIEDRICH RÜCKERT

Eine frohe *Hoffnung*

ist mehr wert

als zehn trockene

Wirklichkeiten.

FRANZ GRILLPARZER

DER FELS

Wenn dir ein Fels vom Herzen fällt,
so fällt er auf den Fuß dir prompt!
So ist es nun mal auf der Welt:
ein Kummer geht, ein Kummer kommt ...

HEINZ ERHARDT

Freude ist das mächtigste Stärkungsmittel.

HERBERT SPENCER

MAN NEHME

Seit frühster Kindheit, wo man froh lacht,
verfolgt mich dieser Ausspruch magisch:
Man nehme ernst nur das, was froh macht,
das Ernste aber niemals *tragisch*!

Heinz Erhardt

Was

mich

nicht umbringt,

macht mich *stärker*.

FRIEDRICH WILHELM NIETZSCHE

Fasst frischen Mut!
So lang ist keine Nacht,
dass endlich nicht der
helle *Morgen* lacht.

WILLIAM SHAKESPEARE

Weißt du, welchen Fehler man immer wieder macht? Den, zu glauben, das Leben sei unwandelbar, und wenn man einmal einen Weg eingeschlagen habe, müsse man ihn auch bis zum Ende gehen. Das Schicksal hat viel mehr Fantasie als wir. Gerade wenn du glaubst, du befändest dich in einer ausweglosen Situation, wenn du den Gipfel höchster Verzweiflung erreichst, verändert sich mit der Geschwindigkeit eines Windstoßes alles, dreht sich, und plötzlich lebst du unvermutet ein neues Leben.

SUSANNA TAMARO

Ich habe mich durch eigene
Erfahrung daran gewöhnt, alle Misere
dieses Lebens als unbedeutend
und vorübergehend zu betrachten und fest
an die Zukunft zu glauben.

GOTTFRIED KELLER

Ich habe vieles über das Leben gelernt,
aber das Wichtigste war: Es geht weiter.

BRIGITTE BARDOT

Die Zeit *heilt* alle Wunden.

SPRICHWORT

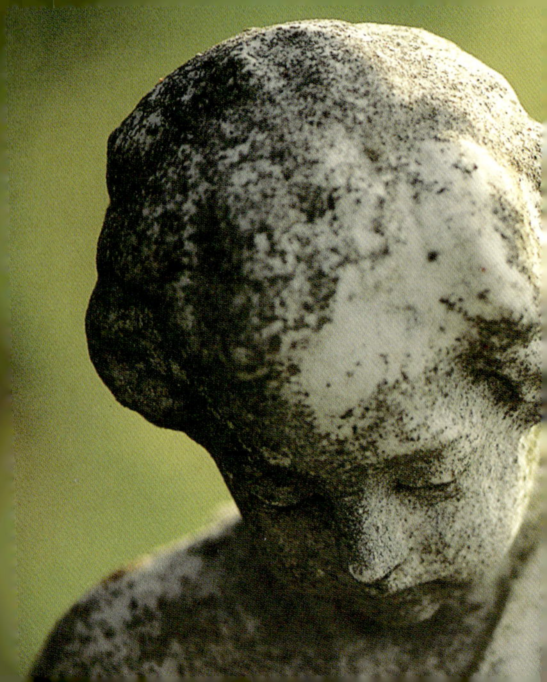

Mit den

Flügeln der Zeit

fliegt die

Traurigkeit

davon.

Jean de La Fontaine

Scheint dir auch mal das Leben rau,

sei still und zage nicht,

die Zeit, die alte Bügelfrau,

macht alles wieder schlicht.

WILHELM BUSCH

Alle Dinge geschehen aus Notwendigkeit; es gibt in der *Natur* kein Gutes und kein Schlechtes.

SPINOZA

Es verliert

   die schwerste Bürde

      die Hälfte ihres Druckes,

   wenn man von ihr

reden kann.

JEREMIAS GOTTHELF

Eigenes Nachdenken oder ein Buch
oder woran man sich sonst orientieren mag,
ist wohl gut, aber das Wort eines echten
Freundes, der den Menschen und die Lage
kennt, hilft wohltätiger und irrt weniger.

FRIEDRICH HÖLDERLIN

Wie viel Unrecht kann die Umarmung eines
Freundes wieder gutmachen.

JEAN-JACQUES ROUSSEAU

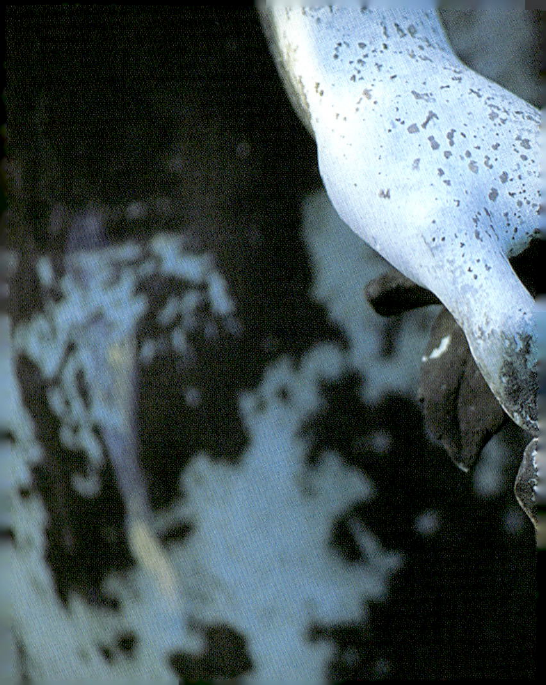

Lasst uns dankbar sein gegenüber

Leuten, *die uns glücklich machen.*

Sie sind die liebenswerten Gärtner,

die unsere Seele

zum Blühen bringen.

MARCEL PROUST

Das *Glück*

deines Lebens

hängt von der

Beschaffenheit

deiner Gedanken ab.

MARK AUREL

Ein angenehmes und
heiteres Leben kommt nicht
von äußeren Dingen.
Nur aus seinem Inneren
bringt der Mensch *Lust und
Freude* in sein Leben.

PLUTARCH

Nicht die Dinge selbst beunruhigen die Menschen, sondern die Vorstellungen von den Dingen. So ist zum Beispiel der Tod nichts Furchtbares, sondern die Vorstellung, er sei etwas Furchtbares, das ist das Furchtbare. Wenn wir also unglücklich, unruhig oder betrübt sind, so wollen wir die Ursache nicht in etwas anderem suchen, sondern in uns, das heißt in unseren Vorstellungen. Der Ungebildete macht anderen Vorwürfe, wenn es ihm übel ergeht. Der philosophische Anfänger macht sich selber Vorwürfe. Der wahrhaft Gebildete tut weder das eine noch das andere.

EPIKTET

Dass es sehr viele Menschen gibt, die unglücklicher sind als du, gewährt zwar kein Dach, darunter zu wohnen, allein sich bei einem Schauer darunter zu retieren, ist das Sätzchen *gut* genug.

GEORG CHRISTOPH LICHTENBERG

Wer nur den lieben Gott lässt walten
und hoffet auf ihn allezeit,
den wird er wunderbar erhalten
in aller Not und Traurigkeit.
Wer Gott dem Allerhöchsten traut,
der hat auf keinen Sand gebaut.

Was helfen uns die schweren Sorgen,
was hilft uns unser Weh und Ach?
Was hilft es, dass wir alle Morgen
beseufzen unser Ungemach?
Wir machen unser Kreuz und Leid
nur größer durch die Traurigkeit.

Sing, bet und geh auf Gottes Wegen,
verricht das Deine nur getreu
und trau des Himmels reichem Segen,
so wird er bei dir werden neu.
Denn welcher seine Zuversicht
auf Gott setzt, den verlässt er nicht.

GEORG NEUMARK

Du legst mir größere Freude ins Herz, als andere haben bei Korn und Wein in Fülle.

In *Frieden* leg ich mich nieder und schlafe ein; denn du allein, Herr, lässt mich sorglos ruhen.

Psalm 4,7-9

Ich habe manchen Tag getrauert,
dass alles so vergänglich ist
und dass das Gute selbst nicht dauert
und dass man sein so bald vergisst.

Es lässt sich schon das Glück nicht binden.
Man hält es fest, solang es geht,
doch kann man es auch wiederfinden,
wenn man das Suchen nur versteht.

Oft muss man erst durch Wolken dringen,
eh man des Himmels Blau entdeckt:
So lässt das Gute sich erringen,
weil sich das Beste nur versteckt.

HOFFMANN VON FALLERSLEBEN

Fortuna lächelt, doch sie mag

nur ungern voll beglücken.

Schenkt sie uns einen Sommertag,

so schenkt sie uns auch Mücken.

WILHELM BUSCH

Engel Gottes,
du mein Hort,
durch den mich
seine Liebe schützt,
ob Tag oder Nacht,
sei mir zur Seite,
leuchte und schütze,
lenke und leite.

KATHOLISCHES GEBET

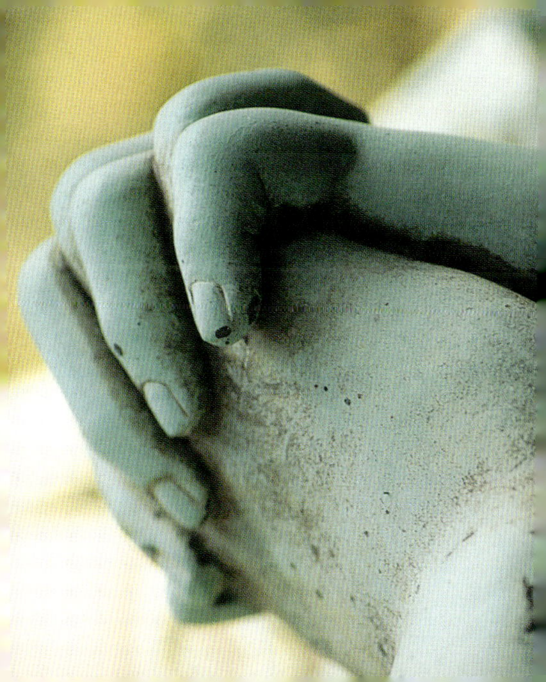

TROST

Du weißt, daß hinter den Wäldern blau
die großen Berge sind.
Und heute nur ist der Himmel grau
und die Erde blind.

Du weißt, daß über den Wolken schwer
die schönen Sterne stehn,
und heute nur ist aus dem goldenen Heer
kein einziger zu sehn.

Und warum glaubst du dann nicht auch,
daß uns die Wolke Welt
nur heute als ein flüchtiger Hauch
die Ewigkeit verstellt?

EUGEN ROTH

Nichts soll dich ängstigen,
nichts dich erschrecken.
Alles vergeht.
Gott bleibt derselbe.
Geduld erreicht alles.
Wer Gott besitzt,
dem kann nichts fehlen.
Gott nur genügt.

THERESIA VON ÁVILA

Fasse *frischen Mut!*
So lange ist keine Nacht,
dass endlich nicht
der helle Morgen lacht.

WILLIAM SHAKESPEARE

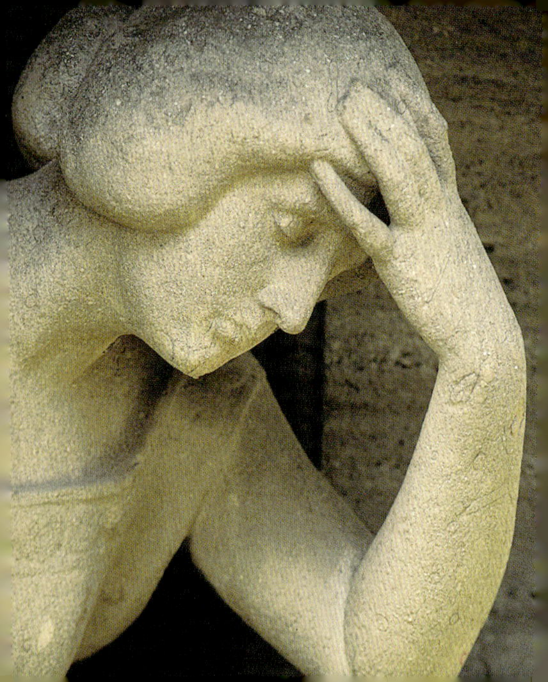

Geduld

ist die Kunst

zu *hoffen.*

MARQUIS DE VAUVENARGUES

ALLES WANDELT SICH

Alles wandelt sich. Neu beginnen
kannst du mit dem letzten Atemzug.
Aber was geschehen, ist geschehen.
Und das Wasser, das du in den Wein gossest,
kannst du nicht mehr herausschütten.

Was geschehen, ist geschehen.
Das Wasser, das du in den Wein gossest,
kannst du nicht mehr herausschütten,
aber alles wandelt sich. Neu beginnen
kannst du mit dem letzten Atemzug.

BERTOLT BRECHT

Tröste dich, die Stunden eilen,
und was all' dich drücken mag,
auch das Schlimmste kann nicht weilen,
und es kommt ein andrer Tag.

THEODOR FONTANE

Schlägt dir die Hoffnung fehl,

nie fehle dir das Hoffen!

Ein Tor ist zugetan,

doch tausend sind noch *offen*.

FRIEDRICH RÜCKERT

Wer jede Hoffnung gab verloren
und böslich sie verloren gab,
der wäre besser ungeboren;
denn lebend wohnt er schon im Grab.

GOTTFRIED KELLER

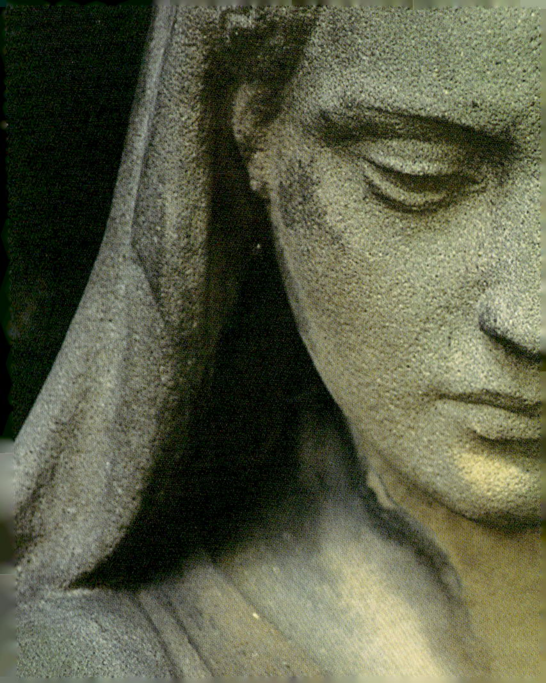

Wer sich

nach Licht sehnt,

ist nicht lichtlos,

denn die *Sehnsucht*

ist schon Licht.

BETTINA VON ARNIM

Wenn Gift und Galle
die Welt dir beut
und du möchtest das Herz
dir gesund bewahren:
Mach andern Freud!
Du wirst erfahren,
dass Freude freut!

FRIEDRICH THEODOR VISCHER

Hoffnung ist wie

der Zucker im Tee:

Auch wenn sie klein ist,

versüßt sie alles.

AUS CHINA

Immer die kleinen Freuden aufpicken, bis das große *Glück* kommt. Und wenn es nicht kommt, dann hat man wenigstens die kleinen Glücke gehabt.

THEODOR FONTANE

Wenn ich einen grünen Zweig
im Herzen trage, wird sich der Singvogel
darauf niederlassen.

AUS CHINA

Trag muntern Herzens deine Last
und übe fleißig dich im Lachen.
Wenn du an dir nicht Freude hast,
die Welt wird dir nicht Freude machen.

PAUL HEYSE

TROST

Wenn dich die Lästerzunge sticht,

so lass dir dies zum Troste sagen:

Die schlechtesten Früchte sind es nicht,

woran die Wespen nagen.

GOTTFRIED AUGUST BÜRGER

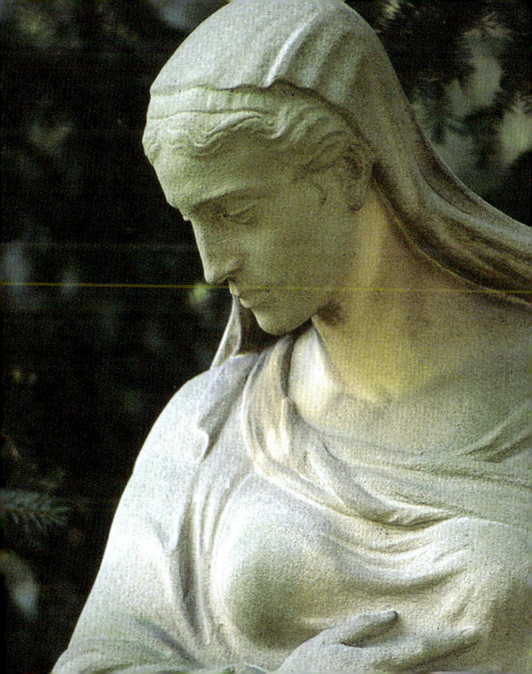

Ich liebe es zu leben.
Es ist mir manchmal ganz verzweifelt
und akut schlecht gegangen.
Sorgen plagten mich,
doch in all der Misere
wusste ich mit Sicherheit,
dass es eine großartige Sache ist,
einfach am Leben zu sein.

AGATHA CHRISTIE

Dass uns

eine Sache fehlt,

sollte uns nicht

davon abhalten,

alles andere

zu *genießen*.

JANE AUSTEN

Wende dich ab von den Sorgen, überlass alle Dinge dem Schicksal; Freu dich des Guten, das heute dir lacht, und vergiss darüber alles *Vergangene*.

AUS TAUSENDUNDEINER NACHT

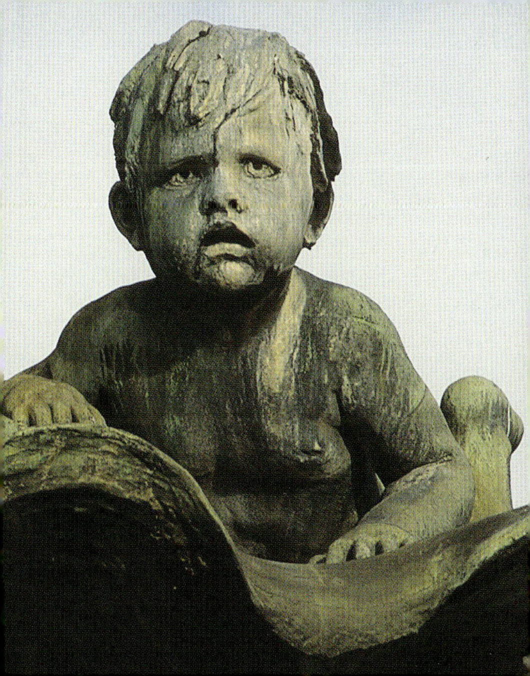

Textnachweis

Seite 12/13: Kalil Gibran, Vom Schmerz, aus:
»Der Prophet«, © 2002 Piper Verlag GmbH, München,
aus dem Amerikanischen von Barbara Röhl
Seite 18/35: Susanna Tamaro, aus: »Geh, wohin dein Herz
dich trägt«, © 1995 Diogenes Verlag AG, Zürich
Seite 30/31: Heinz Erhardt, Der Fels, Man nehme, aus:
»Das große Heinz-Erhardt-Buch«,
© 1970 Lappan Verlag GmbH, Oldenburg
Seite 52/53: Psalm 4,7-9, aus: »Die Bibel. Einheitsübersetzung«,
© 1980 Katholische Bibelanstalt, Stuttgart
Seite 58/59: Eugen Roth, Trost, aus: »Sämtliche Werke 3«,
© Thomas und Stefan Roth, Text in alter Rechtschreibung
Seite 64: Bertold Brecht, Alles wandelt sich, aus:
»Große kommentierte Berliner und Frankfurter Ausgabe,
Band 15«, © 1993 Suhrkamp Verlag, Frankfurt am Main.

In einigen Fällen war es nicht möglich, für den Abdruck
der Texte die Rechteinhaber zu ermitteln. Honoraransprüche der
Autoren, Verlage und ihrer Rechteinhaber bleiben erhalten.